まちごとインド

West India 016 Ajanta
アジャンタ
法隆寺仏画の「源流ここに」

अजंता

Asia City Guide Production

【白地図】アジャンタ近郊図

INDIA
西インド

【白地図】アジャンタ

INDIA
西インド

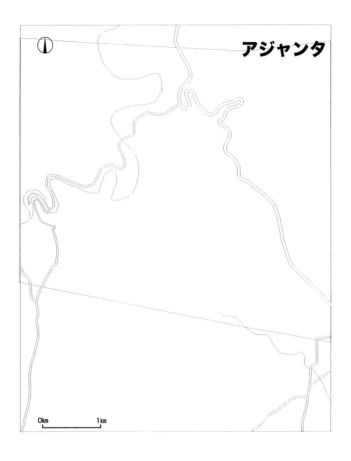

【白地図】アジャンタ石窟

INDIA
西インド

【白地図】アジャンタ第1窟

INDIA
西インド

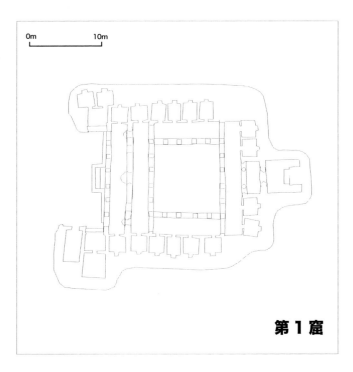

Ajanta 白地図

第1窟

【白地図】アジャンタ第12窟

INDIA
西インド

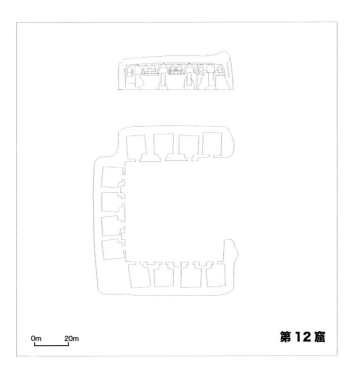

【白地図】アジャンタ第17窟

INDIA
西インド

第17窟

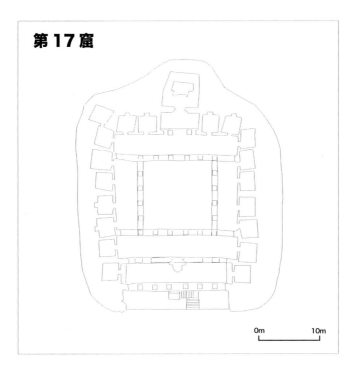

0m 10m

Ajanta 白地図

【白地図】アジャンタ第19窟

INDIA
西インド

第19窟

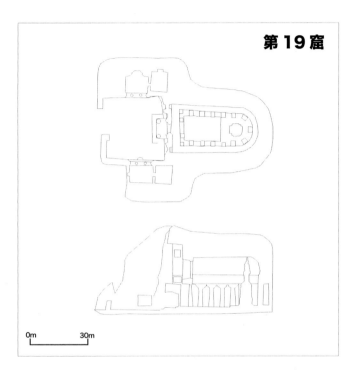

Ajanta 白地図

【まちごとインド】
西インド 011 はじめてのマハラシュトラ
西インド 012 ムンバイ
西インド 013 プネー
西インド 014 アウランガバード
西インド 015 エローラ
西インド 016 アジャンタ
西インド 021 はじめてのグジャラート
西インド 022 アーメダバード
西インド 023 ヴァドダラー(チャンパネール)
西インド 024 ブジ(カッチ地方)

INDIA
西インド

　マハラシュトラ州内陸部の街アウランガバードから北東100kmに位置するアジャンタ。馬蹄形に湾曲するワゴーラ川ほとりの断崖に刻まれた大小30ほどの石窟がうがたれ、そこには古代インド美術の宝庫と言われる仏像や壁画が残っている。

　このアジャンタの石窟群は前期(紀元前1〜2世紀)と後期(5〜7世紀)からなり、天井や柱に刻まれた仏像や壁画からインド美術の変遷をたどることができる。とくに後期に開削された第1窟や第17窟で見られる絵画はグプタ朝時代の様式を

अजंता Ajanta
アジャンタ

継ぐほとんど唯一の例となっている。

　インドでの仏教衰退とともに8世紀以来、アジャンタは放棄されていたが、19世紀になってイギリス人に「発見」され、1000年以上のときをへて人々の前に姿を現した。アジャンタで残る仏教窟は、仏教の東進とともに中央アジアから中国へ伝わり、奈良法隆寺の金堂壁画にアジャンタ壁画の影響が見出されるという。

【まちごとインド】
西インド 016 アジャンタ

INDIA
西インド

目次

アジャンタ ……………………………………………… xvi
古代仏教美術の至宝 …………………………………… xxii
大地に穿たれた神聖空間 ……………………………… xxvii
アジャンタ鑑賞案内 …………………………………… xxxii
インドから日本仏教東遷 ……………………………… lxviii

【MEMO】

Ajanta / アジャンタ

【地図】アジャンタ近郊図

古代仏教美術の至宝

INDIA 西インド

仏教徒が集まって暮らす僧院窟
そこでは仏像や仏画が刻まれていた
古代インド仏教美術の傑作群を今に伝える

アジャンタの「発見」

イギリスによる植民地化が進んでいた1819年のインド。ハイデラバード藩王国（アジャンタをその版図とする）の招きで、チェンナイ駐屯のイギリス騎兵隊が近くで軍事演習を行なっていた。その非番のとき、ひとりの若い士官が虎刈りに出かけ、「トラの隠れ家を知っている」という村の少年についていったところ、ワゴーラ川（ワーグとはマラティー語で「トラ」を意味し、川の水を求めて動物たちが集まる場所だった）のほとりで、1000年以上昔にうがたれた石窟群を「発見」した。それまで地元のヒンドゥー教徒の祭礼の場としてほと

▲左 ワゴーラ川のほとりに刻まれたアジャンタ石窟。　▲右 闇に浮かぶ仏像、インド美術の傑作

んど顧みられなかった石窟が世界に紹介され、おもにイスラム教徒が暮らす近くの村の名前をとってアジャンタと名づけられた。

なぜアジャンタに石窟が彫られたか

古代インドでは都市の出現とともに新しい階級商人が台頭し、仏教の保護者となった（仏教はバラモン教に対抗するかたちではじまった）。とくに紀元前1世紀ごろからアラビア海をまたいでのローマ帝国との交易が盛んになり、サータヴァハーナ朝の首都プラティシュターナ、ナーシクといった

INDIA
西インド

▲左 断崖絶壁に彫られた石窟、ここで仏教僧が起居した。 ▲右 アジャンタには宗教問わず多くの人々が訪れる

都とウッジャイン、マトゥラーへ続く交易路の脇に仏教石窟が開削されていった。こうして前期石窟(紀元前1~2世紀)は商人による寄進がおもだったが、ローマ帝国の滅亡とともに商人階級は没落し、後期(5~7世紀)になると王権によるもののほかに僧侶自らが石窟を開くといった事例も出てくるようになった。古代交易に関して、ローマ側の記録『エリュトゥラー海案内記』にインドの諸都市の名前が登場する。

アジャンタ壁画

インドの厳しい気候や戦乱から、古代に描かれた壁画が失わ

ヒッパロスの風を使ったインド洋交易(1世紀ごろ)

れているなか、アジャンタにはほとんど唯一と言える古代インド壁画が残っている。いずれも後期(5～7世紀)に描かれたもので、人物の肉感的な表現などはグプタ美術の流れを受け、1、2、6、10、16、17窟は古代インド壁画の宝庫となっている。開削された石窟の壁に牛糞や粘土で下地をつくり、樹脂やにかわを接着剤にして顔料がつけられていった(赤と褐色は鉄火鉄、黄色は黄土、青はラピスラズリがもちいられている)。仏伝図やジャータカ物語が描かれていて、とくに第1窟の蓮華手菩薩像は法隆寺金堂壁画の源流として知られる。

大地に穿たれた神聖空間

ストゥーパが彫り出された祠堂窟
僧侶が起居した僧院窟
出家僧が起居し、修行した石窟寺院

インドの石窟寺院

インドには1200もの石窟寺院があり、そのうち750が仏教のものだと言われ、出家した僧が起居する場となっていた。これらの石窟寺院はとくに岩肌を地上に見せる西インドに集中し、エローラやアジャンタといった代表的な石窟がマハラシュトラ州に位置する（アジャンタは仏教窟、エローラはヒンドゥー教、仏教、ジャイナ教窟が混淆している）。アジャンタ石窟はアラビア海にそそぐタープティ川の支流ワゴーラ川のほとり、川の浸食で地肌がむき出しになった場所に刻まれている。

INDIA
西インド

▲左　専用のバスに乗ってアジャンタ石窟へ向かう。　▲右　岩肌を利用して刻まれた石窟

前期と後期の石窟

インドの石窟寺院の開削時期は、前期（紀元前1〜2世紀）と後期（5〜8世紀）にわけられる。ピタルコーラ、ナーシク、アジャンタの一部が前期にあたり、商人の寄進などで造営が進んだ。この時代の石窟は簡素で、仏像が彫られる以前の時代のため、ストゥーパが信仰対象だった（ブッダ死後しばらくは仏像は彫られなかった）。一方、後期になるとアウランガバードやエローラなども造営されるようになり、アジャンタにも前期窟の両脇に新たな石窟が開削された。アジャンタ後期窟では壁面や柱がくまなく装飾されるようになり、仏像

INDIA
西インド

▲左　石窟内部。未完成のものもふくめて 30 ほどが残る。　▲右　後期の祠堂窟（19 窟）、豊富な装飾が見える

も彫られるようになった。

チャイティヤ窟とヴィハーラ窟

仏教石窟には祠堂（チャイティヤ）窟と僧院（ヴィハーラ）窟の2種類に分類される。チャイティヤとは「聖なるもの」を意味し、ブッダを象徴するストゥーパや法輪、菩提樹などがまつられていた。一方、ヴィハーラ窟は僧侶たちが起居する場で、中心の広間の周囲に小さな部屋がいくつも配されていた（またアジャンタでは 11 の未完窟がある）。

Guide, Ajanta
アジャンタ鑑賞案内

INDIA
西インド

美しいポーズをとる蓮華手菩薩像
目を見張るほどの装飾
インド美術の至宝がここに

アジャンタの構成

丘のうえを流れていたワゴーラ川が七段の滝になって落ち、半円形を描くように流れる場所にアジャンタ石窟は展開する。石窟がうがたれた高さ80mの断崖に大小30ほどの石窟が600mにわたって続き、川の最下流部（石窟に向かって右手）が1窟で、順番に番号がつけられている（地すべりで新たに発見された石窟が15A窟となっている）。石窟はそれぞれ前期と後期の二期にわけられるが、前期窟は中央近くに集中しているところから、そこから左右に後期石窟がつけくわえられていったことがわかる。かつては各窟をつなぐ道路が

【MEMO】

【地図】アジャンタの [★★★]
- [ ] アジャンタ石窟 Ajanta Caves

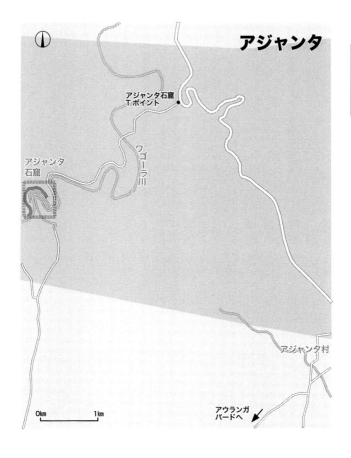

▲左　円を描くように石窟が連続する。　▲右　ブッダの教えを象徴する法輪

なく、隣の窟へ移るごとに谷に降りなくてはならなかったという。

第1窟 [★★★]

アジャンタ石窟群の最下流に位置し、装飾や壁画の量、質ともにアジャンタでもっとも充実した内容をもつ第1窟。5～6世紀ごろに開削された僧院窟で、縦横19.51mの中央広間の周囲の中心に小さな部屋を配したプランをもつ。中央広間には20本の列柱が立ち、柱、壁面、天井ともにくまなく装飾がほどこされている。法隆寺壁画の源流と言われる蓮華手

【MEMO】

【地図】アジャンタ石窟

【地図】アジャンタ石窟の［★★★］
- ☐ 第 1 窟

【地図】アジャンタ石窟の［★★☆］
- ☐ 第 2 窟
- ☐ 第 10 窟
- ☐ 第 16 窟
- ☐ 第 17 窟
- ☐ 第 19 窟
- ☐ 第 26 窟

【地図】アジャンタ石窟の［★☆☆］
- ☐ 第 6 窟
- ☐ 第 7 窟
- ☐ 第 9 窟
- ☐ 第 12 窟
- ☐ 第 20 窟

アジャンタ石窟

前期窟（紀元前1〜2世紀ごろ）、後期窟（5〜8世紀ごろ）
僧院窟（僧たちが居住）、祠堂窟（ストゥーパをまつる）

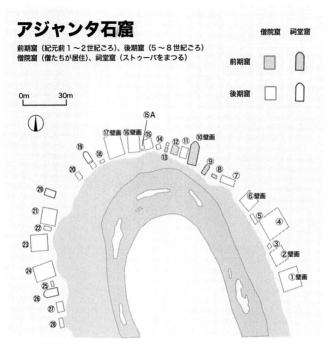

INDIA
西インド

▲左　仏教美術を代表する蓮華手菩薩像。　▲右　第１窟奥に残る仏像

菩薩像はじめ、ブッダの前世の物語をあらわしたジャータカ物語、王族の前で踊る官能的な踊り子などが連珠紋や唐草装飾とともに描かれ、インド古典美術を代表する壁画が見られる。

蓮華手菩薩像

仏堂前室入口付近の後壁左部に描かれた蓮華手菩薩像。5〜6世紀に描かれたインド美術の傑作で、身体を首、胴、腿の3ヵ所を曲げたポーズ(三屈法)をとる。右手に青蓮華をもち、瞑想的な表情から「麗しの菩薩」とたたえられ、法隆寺壁画

【MEMO】

【地図】アジャンタ第1窟

【地図】アジャンタ第1窟の [★★★]
- [ ] 第1窟

【地図】アジャンタ第1窟の [★★☆]
- [ ] 蓮華手菩薩像
- [ ] 金剛手菩薩

【地図】アジャンタ第1窟の [★☆☆]
- [ ] ジャータカ物語

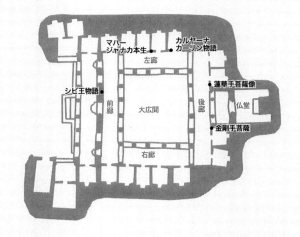

第1窟

INDIA
西インド

(金堂西大壁)の源流として知られる。

金剛手菩薩
蓮華手菩薩像と相対するように後壁右部に描かれた金剛手菩薩。金細工のついた金剛石をもつことからこの名前がつけられ、壁画には印象的な緑色が使われている。蓮華手菩薩像とともにアジャンタ最高峰の壁画となっている。

降魔成道
ブッダガヤの菩提樹のしたで瞑想を続け、悪魔マーラの誘惑

▲左 1500年のときを刻んできたアジャンタ第1窟。　▲右 金剛手菩薩、蓮華手菩薩像とならぶ傑作

に打ち勝って悟りを開くブッダの様子が描かれた降魔成道図。生誕(ルンビニで誕生)、成道(ブッダガヤで悟りを開く)、初転法輪(サールナートではじめて教えを説く)、涅槃(クシナガラで涅槃に入る)と続くブッダの一生の一場面となっている。

ジャータカ物語

ブッダの前世の物語を描いた『ジャータカ物語』。ブッダの死後、その教えをわかりやすく説くためにまとめられたもので、アジャンタ壁画には多くのジャータカが描かれている。

▲左　ワゴーラ川のほとりに咲く花、雨季と乾季で異なる表情を見せる。
▲右　石窟前でならぶ人々、色鮮やかな服装をしている

鳩の命を救うため自らを犠牲にする『シビ王物語』(前廊左部)、盲目となった王子が苦難のすえに奇跡的に回復して王位につく『カルヤーナカーリン物語』(左廊)、古代ビハールを舞台に都を追われた王子が地位をとり返すまでを描いた『マハージャナカ本生』などが描かれている。

第2窟 [★★☆]

第1窟と同じプランをもち、壁面、柱ともに彫刻や壁画でおおわれた第2窟。僧侶が起居した僧院窟だが、奥には祠堂があり、結跏趺坐する仏像が安置されている(僧院窟と祠堂窟

INDIA
西インド

と融合している）。7世紀ごろ造営されたと考えられ、壁画にはジャータカ物語が多く描かれている。

第6窟 [★☆☆]

上階と下階の二層からなる第6窟。16.5m四方の広間をもつ中規模石窟で、仏堂の両壁には壁画が残っている。下の階は19世紀に人が暮らし、火を使用していたという。

第7窟 [★☆☆]

千仏（多数のブッダを出現させた仏化現）で埋め尽くされた

▲左　第10窟のストゥーパ、前期に建てられたため簡素。　▲右　千仏で埋め尽くされた第7窟

仏堂前室右壁で知られる第7窟。前期窟（8、9、10、12、13窟）のすぐそばに造営され、後期窟のなかでは最初期（5〜6世紀）のものと考えられる。

祠堂（チャイティヤ）窟のプラン

ブッダの遺灰がおさめるストゥーパをまつった祠堂窟。アジャンタでは、9、10（以上前期）、19、26、29（以上後期）窟が祠堂窟となっていて、半円を描く馬蹄形の奥部にストゥーパがまつられている。ローマ帝国と西インドのあいだに交易があったことから、初期キリスト教のバシリカ建築と

INDIA
西インド

の類似性が指摘されている。

第9窟 [★☆☆]
紀元前後に開削された前期窟のひとつ第9窟。ブッダの死後、しばらくは仏像を彫ることが認められなかったことから、装飾がほとんどなく、ストゥーパが信仰対象となっていた。この9窟と10窟には仏教壁画が残っている。

第10窟 [★★☆]
第10窟は第9窟よりも規模の大きい29mの奥行きをもつ祠

▲左 第10窟壁面を彩る壁画、後期につけくわえられた。 ▲右 第12窟は紀元前に開削された、静かなたたずまいを見せる

堂窟。この石窟の柱には、アジャンタが「発見」されたときの「1819年4月28日、ジョン・スミス 第28騎兵隊」という落書きがある。前期に造営された当時は装飾はなかったが、時代がくだった5〜6世紀に仏像が彫られていった。また壁画が残っている。

映された木造建築

第10窟には木造の垂木の跡が見られるなど、初期の石窟が木造建築の影響をもとに造営されたことがわかっている(列柱のうえに円筒型の天井をもつプランなど)。これは人々が

INDIA
西インド

▲左　展望台より16窟をのぞむ、馬蹄形に流れる川が把握できる。　▲右　ワゴーラ川乾季のため水量は少ない

暮らしていた木造建築のプランを石窟でもちいたためで、アジャンタ石窟の列柱や梁は構造上のものではなく装飾性が重視されている。耐久性が高い石造り建築が現代まで残っているのにくらべて、当時の木造建築は残っていない。

第12窟 [★☆☆]

紀元前2世紀後半ごろに造営されたと考えられる第12窟。前期僧院窟のなかでもっとも規模が大きい11m四方の広間をもつ。前期に造営されたことから装飾がほとんどなく、各部屋への入口上部にアーチの浮彫がわずかに残る。

【MEMO】

【地図】アジャンタ第12窟の [★☆☆]
□ 第12窟

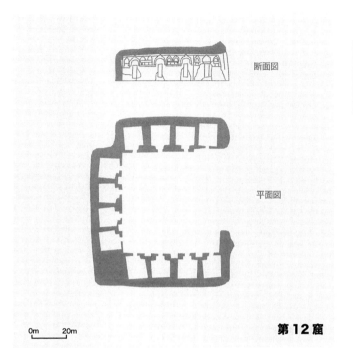

断面図

平面図

0m 20m

第12窟

第16窟 [★★☆]

ワゴーラ川が湾曲するちょうど中央部に位置する第16窟。石窟内部には『仏伝図』や『ジャータカ物語』が描かれ、中央広間の天井には飛天やヤクシャなどが彫られている。またヴァーカータカ朝のハリシェーナ王（475〜500年ごろ）の時代にその臣下ヴァラーハデーヴァの寄進で造営されたという5世紀後半の刻文が残っている（グプタ朝と婚姻関係に

▲左 天井に残る文様、豊富な装飾で彩られた第17窟。 ▲右 第17窟入口付近の壁画、びっしりと描かれている

あった)。

第17窟 [★★☆]

第1窟とともにアジャンタを代表する豊富な壁画と彫刻が残る第17窟。16窟と同じくヴァーカータカ朝の時代の碑文が残る。壁画の保存状態が比較的よく、19m四方の広間に立つ柱や壁面、天井一帯に装飾がされている。ブッダが水牛王であったときの様子を描く『水牛本生図』(正面廊下)、父親の忠告に耳をかさなかった裕福な商人が遭難した『シンハラ物語』(大広間右壁)、漁師に牙をあたえる象が描かれた『六

【MEMO】

【地図】アジャンタ第17窟

【地図】アジャンタ第17窟の ［★★☆］
- [ ] 第17窟

【地図】アジャンタ第17窟の ［★☆☆］
- [ ] 六牙象本生
- [ ] 大猿本生
- [ ] シンハラ物語
- [ ] シビ王本生

第17窟

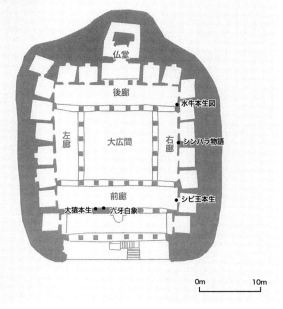

牙象本生』(前廊左部)、『酔象降伏』(正面回廊) などの壁画が見られるほか、17窟の仏像はアジャンタでもっとも美しいとたたえられる。

六牙象本生

ブッダの前世のジャータカ物語のなかでアジャンタ第1窟にも描かれている『六牙象本生』。六本の牙をもつ象王の第二

INDIA
西インド

夫人は、第一夫人に嫉妬し復讐を誓ってなくなった。王妃として生まれ変わった第二夫人は、漁師に象王の牙をとってくることを命じるが、漁師の目的を知った象王は自ら牙をあたえるという物語となっている。

大猿本生

ブッダが前世、猿だったときの話が描かれた『大猿本生』。マンゴーの実を食べた猿の群れが、人間に見つかって怒りを買い、逃げ出したが川が行く手をさえぎっていた。猿(ブッダ)は仲間を逃すために自分の身体を橋にするという自己犠

▲左　展望台から見た第19窟。　▲右　ストゥーパには仏像が刻まれている

牲の精神が描かれている。

シンハラ物語

17窟の右廊一面に広がる『シンハラ物語』。裕福な商人だったシンハラは、航海途中に漂流してしまう。その後、仲間とともに脱出し、大軍をひきいて羅刹の棲む島に退治に行くという物語で、17窟にはその場面がいくつも描かれている。

シビ王本生

自己犠牲の精神を描いた『シビ王本生』。国をおさめるシビ

INDIA
西インド

▲左　第19窟のファザードに残る彫刻。　▲右　上部の窓は採光の役割を果たした

王は人々の心を豊かにしたいと考え、盲目の隠者に両目をあたえるなど、自らの身体をあたえていた。王の精神を知った神々が最後にその行為に報いるという話が描かれている。

第19窟 [★★☆]

アジャンタでもっとも完成度の高い石窟とされる第19窟。正面には大きな窓（チャイティヤ窓）が彫られ、そのまわりには仏龕とともに仏像が浮彫にされている。馬蹄形の石窟内部は仏像とストゥーパがならび、天井には木造寺院のように垂木が石で彫り出されている。また5世紀前半に造営された

【MEMO】

Ajanta アジャンタ鑑賞案内

【地図】アジャンタ第 19 窟

【地図】アジャンタ第 19 窟の ［★★☆］
- [ ] 第 19 窟

第19窟

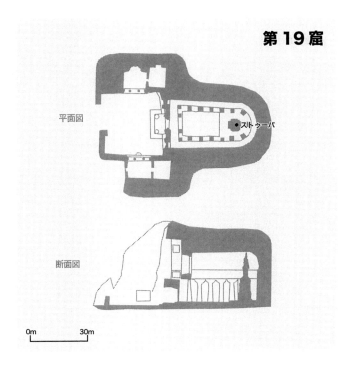

平面図 ・ストゥーパ

断面図

0m 30m

後期窟であることから、ストゥーパ自体に仏像が彫られている（前期は仏像をつくることが認められていなかった）。

第20窟 ［★☆☆］

小規模ながら内部を美しい彫刻で彩られた20窟。奥に仏像が安置されている。

INDIA
西インド

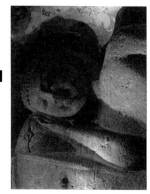

▲左　インド最大という涅槃仏。　▲右　豊富な仏像が見られる第 26 窟

第 26 窟 [★★☆]

アジャンタ上流部に位置する第 26 窟は、16、17 窟とならんでハリシェーナ王の寄進名がのこる後期の祠堂窟。幅 11 m 奥行き 21m の広間に 28 本の柱が立つ。この窟の最大の特徴は、アジャンタで唯一の涅槃仏が残っているところで、左廊下に残る全長 7m の涅槃仏はインドで最大規模となっている。またその上部には飛天、足元には沙羅双樹が彫られている。

インド
から日本
仏教東遷

INDIA
西インド

インドで生まれた仏教は石窟や仏教美術とともに
中央アジアと中国をへて日本へと伝播した
仏教源流の姿が残るアジャンタ

石窟とその伝播

古代インドの出家者は、この世からの解脱を求めて、菩提樹のしたや荒野、自然につくられた石窟で修行にはげんでいた。当初は自然の洞窟が利用されたが、仏教では雨安吾（雨季に一ヵ所で集団生活する）をする必要から人工的に石窟をうがつようになった。石窟を開削し、内部を彫刻や壁画で彩るといったことは、仏教の伝播とともに各地へ伝わり、バーミヤン、敦煌、雲崗、龍門石窟などをへて日本にも伝わっている。インドでは紀元前1〜2世紀と5〜10世紀の石窟、中央アジアでは4〜14世紀の石窟、中国では4〜14世紀の仏教石

▲左 見応えある石窟が続く古代仏教美術を今に伝える。 ▲右 蓮華手菩薩像の意匠は法隆寺金堂壁画でも見られる

窟が残っている。

初期仏教から大乗仏教へ

紀元前5世紀ごろ生まれた仏教では、しばらくブッダの姿をかたちにする仏像の制作は認められておらず、ブッダの遺灰をおさめたストゥーパ、法輪、仏足などが信仰対象となっていた。その後、仏教教団は上座部と大衆部にわかれるなど分派し、大乗仏教では2世紀ごろからマトゥラーやガンダーラで仏像が制作されるようになった。アジャンタ石窟の開削時期は、紀元前1世紀から8世紀にわたり、後期（5〜8世紀）

INDIA
西インド

では前期に見られなかった仏像が彫られるなど仏教の変遷をたどることができる。

アジャンタ前期窟時代の王朝（サータヴァーハナ朝）

前期のアジャンタ石窟が造営されたころ、アジャンタをふくむデカン高原を支配していたのはパイタン（プラティシュターナ）を都におくサータヴァーハナ朝だった。この王朝はアーンドラ朝とも呼ばれ、北方ではクシャン朝のクシャトラパ（太守）と争いながら、仏教を保護したことで知られる。アジャンタの前期石窟のほかにも、サンチーの第1塔、ナー

▲左 アジャンタ観光に訪れていた子どもたち。　▲右 アジャンタはエローラとともにインドを代表する石窟

シク、カーンヘリー、カールリーなどがこの王朝のもとで造営された。紀元前1世紀後半に台頭し、3世紀にごろには弱体化した。

アジャンタ後期窟時代の王朝（グプタ朝）

北インドを中心に4〜6世紀にかけて古代インドの黄金時代を築いたグプタ朝。チャンドラグプタ2世は、インド西部のサカ族を破って4世紀末にはデカン高原にまで勢力を広げようとしていた。その当時のデカン高原西部は、サータヴァハーナ朝に代わってヴァーカータカ朝が台頭していた。グプタ朝

INDIA
西インド

チャンドラグプタ2世は娘をヴァーカータカ朝のルドラセーナ2世に嫁がせるなど婚姻関係を結んだため、グプタ朝の文化が西インドにも流入するようになっていた。アジャンタ後期石窟が開削されたのは、このような時代のことで、グプタ期とポスト・グプタ期の美術が見られる。6世紀前半までヴァーカータカ朝がおさめ、その後、地方政権(6世紀前半～なかごろ)、カラチュリ朝(6世紀なかごろ～7世紀)、前期西チャールキヤ朝(7世紀前半～8世紀なかごろ)へと王朝が変遷していった。

Ajanta インドから日本仏教東遷

参考文献

『アジャンタ壁画』(高田修 / 日本放送出版協会)

『世界の聖域 7 アジャンター窟院』(柳宗玄・宮治昭 / 講談社)

『芸術新潮 50 世界遺産のグランプリ アジャンタ石窟大公開』(安田治樹 / 新潮社)

『インドの仏蹟とヒンドゥー寺院』(中村元 / 講談社)

『世界の大遺跡 8 インドの聖域』(樋口隆康編著 / 講談社)

『アジャンター石窟寺院』(福田徳郎 / 朝日新聞社)

『アジャンター壁画の研究』(定金計次 / 中央公論美術出版)

『ユネスコ世界遺産 5 インド亜大陸』(ユネスコ世界遺産センター / 講談社)

『世界大百科事典』(平凡社)

まちごとパブリッシングの旅行ガイド
Machigoto INDIA , Machigoto ASIA , Machigoto CHINA

【北インド - まちごとインド】

001 はじめての北インド
002 はじめてのデリー
003 オールド・デリー
004 ニュー・デリー
005 南デリー
012 アーグラ
013 ファテープル・シークリー
014 バラナシ
015 サールナート
022 カージュラホ
032 アムリトサル

【西インド - まちごとインド】

001 はじめてのラジャスタン
002 ジャイプル
003 ジョードプル
004 ジャイサルメール
005 ウダイプル
006 アジメール（プシュカル）
007 ビカネール
008 シェカワティ
011 はじめてのマハラシュトラ
012 ムンバイ
013 プネー
014 アウランガバード
015 エローラ
016 アジャンタ
021 はじめてのグジャラート
022 アーメダバード
023 ヴァドダラー（チャンパネール）
024 ブジ（カッチ地方）

【東インド - まちごとインド】

002 コルカタ
012 ブッダガヤ

【南インド - まちごとインド】

001 はじめてのタミルナードゥ
002 チェンナイ
003 カーンチプラム
004 マハーバリプラム
005 タンジャヴール
006 クンバコナムとカーヴェリー・デルタ
007 ティルチラパッリ
008 マドゥライ
009 ラーメシュワラム
010 カニャークマリ
021 はじめてのケーララ
022 ティルヴァナンタプラム
023 バックウォーター（コッラム〜アラップーザ）
024 コーチ（コーチン）
025 トリシュール

【ネパール - まちごとアジア】

001 はじめてのカトマンズ
002 カトマンズ
003 スワヤンブナート

004 パタン
005 バクタプル
006 ポカラ
007 ルンビニ
008 チトワン国立公園

【バングラデシュ - まちごとアジア】

001 はじめてのバングラデシュ
002 ダッカ
003 バゲルハット（クルナ）
004 シュンドルボン
005 プティア
006 モハスタン（ボグラ）
007 パハルプール

【パキスタン - まちごとアジア】

002 フンザ
003 ギルギット（KKH）
004 ラホール
005 ハラッパ
006 ムルタン

【イラン - まちごとアジア】

001 はじめてのイラン
002 テヘラン
003 イスファハン
004 シーラーズ
005 ペルセポリス
006 パサルガダエ（ナグシェ・ロスタム）
007 ヤズド
008 チョガ・ザンビル（アフヴァーズ）
009 タブリーズ
010 アルダビール

【北京 - まちごとチャイナ】

001 はじめての北京
002 故宮（天安門広場）
003 胡同と旧皇城
004 天壇と旧崇文区
005 瑠璃廠と旧宣武区
006 王府井と市街東部
007 北京動物園と市街西部
008 頤和園と西山
009 盧溝橋と周口店
010 万里の長城と明十三陵

【天津 - まちごとチャイナ】

001 はじめての天津
002 天津市街
003 浜海新区と市街南部
004 薊県と清東陵

【上海 - まちごとチャイナ】

001 はじめての上海
002 浦東新区
003 外灘と南京東路
004 淮海路と市街西部
005 虹口と市街北部
006 上海郊外（龍華・七宝・松江・嘉定）
007 水郷地帯（朱家角・周荘・同里・甪直）

【河北省 - まちごとチャイナ】

001 はじめての河北省
002 石家荘
003 秦皇島
004 承徳
005 張家口
006 保定
007 邯鄲

【江蘇省 - まちごとチャイナ】

001 はじめての江蘇省
002 はじめての蘇州
003 蘇州旧城
004 蘇州郊外と開発区
005 無錫
006 揚州
007 鎮江
008 はじめての南京
009 南京旧城
010 南京紫金山と下関
011 雨花台と南京郊外・開発区
012 徐州

【浙江省 - まちごとチャイナ】

001 はじめての浙江省
002 はじめての杭州
003 西湖と山林杭州
004 杭州旧城と開発区
005 紹興
006 はじめての寧波
007 寧波旧城
008 寧波郊外と開発区
009 普陀山
010 天台山
011 温州

【福建省 - まちごとチャイナ】

001 はじめての福建省
002 はじめての福州
003 福州旧城
004 福州郊外と開発区
005 武夷山
006 泉州
007 厦門
008 客家土楼

【広東省 - まちごとチャイナ】

001 はじめての広東省
002 はじめての広州
003 広州古城
004 天河と広州郊外
005 深圳（深セン）
006 東莞
007 開平（江門）
008 韶関
009 はじめての潮汕
010 潮州
011 汕頭

【遼寧省 - まちごとチャイナ】

001 はじめての遼寧省
002 はじめての大連
003 大連市街
004 旅順
005 金州新区

006 はじめての瀋陽
007 瀋陽故宮と旧市街
008 瀋陽駅と市街地
009 北陵と瀋陽郊外
010 撫順

【重慶 - まちごとチャイナ】

001 はじめての重慶
002 重慶市街
003 三峡下り（重慶〜宜昌）
004 大足

【香港 - まちごとチャイナ】

001 はじめての香港
002 中環と香港島北岸
003 上環と香港島南岸
004 尖沙咀と九龍市街
005 九龍城と九龍郊外
006 新界
007 ランタオ島と島嶼部

【マカオ - まちごとチャイナ】

001 はじめてのマカオ
002 セナド広場とマカオ中心部
003 媽閣廟とマカオ半島南部
004 東望洋山とマカオ半島北部
005 新口岸とタイパ・コロアン

【Juo-Mujin（電子書籍のみ）】

Juo-Mujin 香港縦横無尽
Juo-Mujin 北京縦横無尽
Juo-Mujin 上海縦横無尽

【自力旅游中国 Tabisuru CHINA】

001 バスに揺られて「自力で長城」
002 バスに揺られて「自力で石家荘」
003 バスに揺られて「自力で承徳」
004 船に揺られて「自力で普陀山」
005 バスに揺られて「自力で天台山」
006 バスに揺られて「自力で秦皇島」
007 バスに揺られて「自力で張家口」
008 バスに揺られて「自力で邯鄲」
009 バスに揺られて「自力で保定」
010 バスに揺られて「自力で清東陵」
011 バスに揺られて「自力で潮州」
012 バスに揺られて「自力で汕頭」
013 バスに揺られて「自力で温州」

【車輪はつばさ】
南インドのアイラヴァテシュワラ寺院には建築本体に車輪がついていて寺院に乗った神さまが人びとの想いを運ぶと言います。

- 本書はオンデマンド印刷で作成されています。
- 本書の内容に関するご意見、お問い合わせは、発行元のまちごとパブリッシング info@machigotopub.com までお願いします。

まちごとインド
西インド016アジャンタ
～法隆寺仏画の「源流ここに」[モノクロノートブック版]

2017年11月14日　発行

著　者	「アジア城市（まち）案内」制作委員会
発行者	赤松　耕次
発行所	まちごとパブリッシング株式会社 〒181-0013　東京都三鷹市下連雀4-4-36 URL http://www.machigotopub.com/
発売元	株式会社デジタルパブリッシングサービス 〒162-0812　東京都新宿区西五軒町11-13 清水ビル3F
印刷・製本	株式会社デジタルパブリッシングサービス URL http://www.d-pub.co.jp/

MP027

ISBN978-4-86143-161-6 C0326　　　　Printed in Japan
本書の無断複製複写（コピー）は、著作権法上での例外を除き、禁じられています。